Für den Zeitraum eines Gedankens

ad libri

Peter Oebel

Für den Zeitraum eines Gedankens

Erstausgabe, März 2015
Verlegt für adlibri, ein Imprint der KlettMedia

Redaktion: Rainer E. Kirsten
Abbildungen: Mike Joosten, Wibcke Klett,
© Mike Joosten, Wibcke Klett

Umschlagkonzept und -gestaltung: KlettMedia
Umschlagfoto: Wibcke Klett, © Wibcke Klett
Gestaltung und Satz: KlettMedia
Herstellung: BoD, Norderstedt
Printed in Germany 2015

ISBN 978-3-89927-043-3
www.adlibri.de

Eine Unterhaltung mit meinem Apfelbaum
ist durchaus möglich.

Nicht nur im Sommer

Inhalt

Gedanken für den Anfang

Die Dichtung, die Lyrik, die Poesie, oder wie auch immer wir jenen Zweig der Literatur benennen mögen, sie hatte und hat zeitlebens einen Platz in meinem Sinn, in meinem Verstand, ja in meinem Herzen. Und ich bin mir sehr sicher, dass es nicht allein mir so ergeht, mir, der sich das Schreiben zur Gewohnheit gemacht hat, sondern nahezu jedem Menschen, der das Näher-Hinsehen-Können nicht völlig verlernt hat. Es gibt eben Dinge in unserem Dasein – Gegebenheiten, Sehnsüchte und Träume –, die sich allein mittels der Sprache der Lyrik behaupten mögen, oder, wohl besser gesagt, behaupten können. In meinem kleinen Gedichtband habe ich einige Gedanken hinterlegt, von denen ich annehme, dass es sich um solche Begegnungen handelt. Mit einem Blick auf die Literatur unserer Tage, zeitgleich mit einem Blick auf deren Zukunft, wünsche ich mir zutiefst, dass die Poesie weiterhin einen verlässlichen Ankerplatz in diesem Zeilen-Meer erhält.

Natur, Gegenwarten

Oktober

Ein schmaler Weg inmitten der Landschaft
der Flure und Wiesen verträglich trennt
Das Setzen der eigenen Schritte
das knappe Knirschen im Sande

Die einsame Bank am Rande des Pfades
von wild wachsenden Gräsern umringt
Die Morgenstunde lädt ein zum Verweilen
ein sanfter Wink der es gütlich meint

Durch dichte Sträucher und Buschwerk
darf der Blick ein ruhendes Gewässer ahnen
Gänsevögel flattern kurz auf
um wieder heimlich auf dem Teiche zu landen

Allein der Wind widerspricht der Stille
treibt Wolken durch die Höhen der Sphäre
Gedanken verlieren sich im Gestern
der Moment versinkt im Rauschen der Blätter

Manchmal melden sich Krähen heiser zu Wort
hier und dort und hoch in den Lüften
Kohlrabenschwarze Magier der Natur
die sich nun mit dem Herbst anfreunden

Der Wassertropfen

An einem Blatt, das vom Morgentau benetzt,
ein winziger See im durchsichtigen Rund,
ein Tröpfchen Wasser, er blinzelt in der Sonne.

Schwebend und eigenständig, ja voller Anmut
dieser Gruß der Sphäre, der Himmel,
unverhohlen reflektiert sein Raum die Natur.

Ein zartes Spieglein, eine empfindliche Welt,
eine lebendige Formation der Frühe,
in vollendeter Ruhe lässt sich Leben erahnen.

An des Blattes Spitze, die vom Tau benetzte,
entscheidet sich ein Tröpfchen Meer
soeben für die Trennung, für das Loslassen.

Vorboten

Jetzt, wo sich der Frühling bereits erahnen lässt,
ist die Schroffheit des Winters doch zu ertragen.
Jetzt, wo der Tiefschlaf dem Erwachen weicht,
werden Kälte und Dunkelheit den Rückzug wagen.

Nun, wo sich weiße Flächen in Tauwasser wandeln,
werden Bäche und Flüsse sehr reichlich bedacht.
Nun, wo sich das Grün gar von seiner Last befreit,
entschwebt des Himmels Eis vom Boden recht sacht.

Irgendwie, irgendwie duften die Lüfte auch anders,
auf sonderliche Weise wohl wird die Sphäre genährt.
Irgendwie erscheint das Frisch noch frischer,
als wenn es eine zusätzliche Lebendigkeit erfährt.

Immer wieder grüßt die Sonne durch die Wolken,
auf Wiesen und Dächer warme Lichtstreifen dringen.
Immer wieder diese verzaubernden Helligkeiten,
die kraftvoll mit der kalten Jahreszeit ringen.

Und auch die Vögel des Gartens, die uns geblieben,
sie zeigen sich ausgelassen auf Strauch und Baum.
Und gemeinschaftlich mit vielen anderen Gästen,
bereiten sie der Zuversicht den verbürgten Raum.

Still und friedsam findet jener Wechsel nun statt,
eine Wiedergeburt der Hoffnung auf Feld und Flur.
Still, behutsam und vorsichtig und uns zur Freude,
allzeit dasselbe Wunder auf der Bühne der Natur.

Frühling

Für meine Tochter Esther – 2006

Aus der Kälte der Nacht erwacht sie, die Lebendigkeit,
plötzlich ist sie da, wie aus dem Nichts, so scheint es.
Übergangslos, ein Besuch der Hoffnung.

Wo eben noch eisige Starre die Flure bedeckten,
zeigt sie sich versöhnlich, die Mutter Natur.
Besinnlich, aber stolz und voller Anmut.

Klangvoll entschwinden die Schleier der Nebel,
ohne Eile zwar, aber äußerst entschlossen.
Mit ihnen entgleitet sanft die Dunkelheit.

Lichter auf Wiesen und Wegen, in Wärme gehüllt,
Bäche und Brunnen jauchzen mit Kraft.
Das Grün, es überschlägt sich vor Wonne.

Überall ein grenzenloses Wachsen, ein Tanzen,
unzählige Melodien begleiten die Lüfte.
Nichts und niemand könnte es je zwingen.

Aus der Rohheit des Winters erwacht das Leben.
Der ewige Kreislauf zeigt hier seine Macht,
der Lenz, der Frühling, Zuversicht und Trost.

Herbst

Der Wind
er weht über die Felder
fast schon ein Sturm
der die Äste der Bäume
vom Laub befreit

Die Wolken
ziehen verhangen ihre Bahn
einige grau ja düster
sie haben es eilig
als wollten sie fliehen

Die Luft
ist längst nicht mehr milde
eher schroff und rüde
in ihrem neuen Gewand
das voller Klarheit ist

Das Licht
sorgt für glühende Farben
verzaubert all die Blätter
die gestern noch so grün
stolz vom Sommer zeugten

Die Natur
sie hat sich erneut gewandelt
eine weitere Erhabenheit
schwebt uns am Leben vorbei
es ist wieder Herbst

Blätter im Herbst

Vom Winde beflügelt
schweben sie behutsam zu Boden
bescheren Wiesen und Feldern
Tupfer herbstlicher Farben
nahezu lautlos ja in ungewohnter Ruhe
erinnern sie zaghaft an den Wandel der Natur

Von unzähligen Zweigen verabschiedet ziehen sie weiter
bedecken Flur und Weg mit graziöser Pracht
ein still geflüstertes Rascheln ein seichtes Knistern
wenn der Fuß des Wanderers sie berührt

Aus den Höhen der Lüfte friedlich zur Erde gereist
reichen sie nun dem ewigen Kreislauf die Hand
ihr flammendes Rot wie ihr gleißendes Gelb
erzählen vom grünen Lebenssaft des Sommers

Vom Winde beflügelt schweben sie behutsam zu Boden
deuten einfühlsam auf des Abschieds Lebendigkeit
zeugen vom unbeirrbaren Erwachen aus dem Schlaf
weisen auf die Harmonie des Immerwährenden

Das Blatt

Ein Windzug hat es vom Baume getrennt
Ein kleiner nur, er hat schon ausgereicht
Hat es sanft vom kahlen Zweige gelöst
Nun liegt es feucht und kalt am Boden.

Mit gar Unzähligen seiner Art jetzt vereint
Haftet es auf klammen Wiesengrunde
Bedeckt ein Fleckchen welkes Grün
Trennt es leicht so vom Licht des Tages.

Jetzt, wo es die luftigen Höhen verlassen
Sich nicht mehr unbeirrt im Winde wiegt
Harrt es geduldig am Fuße des Stammes
Erwartet den leisen Ruf der Wandlung.

Der Herbst, er wird es noch einmal kleiden
Wird das Gelb seiner Welke wohl betonen
Sein helles Leuchten dem Tagtraum schenken
Wird mit ihm die Flur behutsam verzaubern.

So unauffällig wie es einst gekommen war
Still stumm gewachsen aus inneren Kräften
So unauffällig wird es auch wieder gehen
Lautlos sich vereinen mit jenen Mächten.

Novembernebel

Dicht über den Fluren einsamer Felder schwebt er dahin
lautlos sich verfangend in den Zweigen hoher Bäume
Diese anmutige Formation sphärisch grauer Wasser
dieser scheue Bote des Herbstes, des Winters

Friedlich behutsam umhüllt er das verbliebene Grün
die Wiesen vereinend mit dem Schleier sanfter Kühle
Welch ein zauberhaftes Schauspiel der Natur
welch ein ehrfürchtiger Bote des Wandels, der Trübheit

Wie aus dem Nichts heraus nähert er sich dem Dasein
beharrlich sich verschmelzend mit dem Jetzt
Eine verschlossene Vorahnung vom Drüben
ein verlässlicher Bote der Unwägbarkeit, des Danach

Dicht über den Fluren einsamer Felder schwebt er dahin
lautlos sich verfangend in den Zweigen hoher Bäume
Ein Schleier ein Hauch ein Nichts
dieser Bote der Unvergänglichkeit, der Hoffnung

Winter

Eingedeckt im bizarren Weiß, so liegt sie vor mir,
die vom Schnee bedeckte Landschaft,
lässt klirrende Kälte erahnen.
Im tiefschwarzen Gewand die Bäume,
kahle Zweige ragen gen Himmel empor.

Beharrlich ruht Raureif auf Stein und Geäst,
gefrorene Luft in hauchdünner Schicht.
Wintersonne grüßt eisigen Nebel,
Schwebendes verliert sich im Dunste.
Von Mutter Natur verzauberte Realitäten.

Auffallend still ist es hier, kaum ein Laut.
Kristalle brechen unter meinem Fuß,
bläulich schimmern sie im Frost.
Überwältigend schöne Schroffheit,
atemberaubende Erfahrung des Daseins.

Gehüllt in kühler Jahreszeit, so zeigt sie sich,
die vom Schnee bedeckte Landschaft.
Klar und frisch ihr eisiger Gruß.
Atem gefriert und nicht gar der Frieden,
auch jener Wandel ein verlässlicher Trost.

Waldweg

Ein kleiner Weg führt durch den Wald,
ein schmaler Pfad,
ruhende Besinnlichkeit in freier Flur.

Eine Lage aus Erde und Tannennadeln,
und abgewehten Blättern,
wild wachsende Kräuter am Rande.

Seichtes Licht flutet durch die Bäume,
golden glimmt es,
lässt des Himmels Blau erscheinen.

Vertrautes Rauschen in den Wipfeln,
der Wind erzählt,
Schatten tänzeln durch die Natur.

Trockene Zweige harren am Boden,
Zerbrechlichkeit auf Moos,
Düfte der Umwandlung ziehen dahin.

Ein kleiner Weg führt durch den Wald,
ein schmaler Pfad,
der den Wanderer entrücken lässt.

Zeit – Ruhe – Einsichten

Die Zeit

Für meine Tochter Hanna-Marie – 2001

Stumm wage ich einen zaghaften Blick,
hindurch die soliden Mauern der Trübheit,
verweile staunend vor dem Leben,
versuche die Ewigkeit zu ergreifen,
welche in Sekunden an mir vorüber fließt.

Lautlos erschrocken
blicke ich der Zeit ins Antlitz, Anmut und Schönheit,
vergesse ohnmächtig ihre unbändige Macht,
dem Diesseits des Gemäuers scheint sie zu fliehen,
eilt ohne Mitleid an ihm vorbei.

Träumend wache ich,
harre schaudernd in freudiger Trauer,
bewundere in Verachtung den flüchtigen Moment
der allzu vergänglichen Gegenwart,
gebe mich hin der verzehrenden Sehnsucht nach Einhalt.

Voller Wehmut flehe ich
um Verbrüderung mit der Möglichkeit,
nein, wo selbst ein Sehen kaum erlaubt,
kann auch mein Greifen keine Hoffnung bergen,
darf es niemals vereinen was mit dem Winde strebt.

Und doch, die Zeit, des Lebens Ewigkeit,
entschlossen muss ich mich mit ihr verbünden,
siehe, der Nebel Ebene entweicht sie stets, nicht etwa mir.
Da, jenseits schwebt der Frühling vorbei,
mit ihm will ich beginnen.

Das Ich

Immer wieder steht uns die Frage im Weg,
was genau unser ureigenes Ich ausmacht.
Doch wir Seelen können es nicht erfahren.

Wir kennen es doch kaum das eigene Ich,
das zu bestreiten wäre wohl nur vergeblich.
Als Fremdling wohnt es in unserm Inneren.

Auch Gefangene sind wir in unserem Ich,
real vermögen wir das nicht zu verneinen.
Ja wir verspüren die Fesseln in aller Enge.

Befreundet sind wir mit dem eigenen Ich,
da sollten wir nicht überaus widersprechen.
Es stört uns wenig seine Fremdartigkeit.

Wir führen täglich Krieg mit unserem Ich,
zeitlebens spiegelt das die Wirklichkeit.
Mal sind wir die Sieger und mal Verlierer.

Recht wandelbar ist unser ureigenes Ich,
es verändert sich und auch gleichsam uns.
Das kann nur begrenzt in Freiheit münden.

Labyrinth

Von all den Wegen, die wir beschreiten,
ist der, der in unser Innen führt,
wohl der steinigste.
Von all den Pfaden, die wir nutzen,
gelangen die wenigsten an jenen Ort.

Von all den Stimmen, die so laut rufen,
ist die, die sich aus uns selber regt,
wohl die leiseste.
Von all den Tönen, die uns ersuchen,
finden die eigenen kaum das Ohr.

Von all den Gefühlen, die wir ertasten,
ist das, das zur Liebe mahnt,
wohl das anfälligste.
Von all den Regungen, die wir haben,
lässt jene sich recht leicht verbannen.

Wie sonst nur könnte es denn geschehen,
dass wieder und wieder
der Kopf und nicht das Herz entscheidet,
was wichtig und was unwichtig ist
in unserem flüchtigen Dasein.

Kinderträume

Ein Stein, ein Steinchen, ein Kiesel am Wegesrand,
ein Kind hebt ihn auf, dreht ihn, ja sieht ihn an.
Anschmiegsam rund liegt er in der kleinen Hand.

Ein Ast, ein Stock, ein Zweiglein auf dem Platz,
ein Kind nimmt ihn auf, bewundernd schaut es.
Ja fest in der Hand hält es jetzt diesen Schatz.

Eine Pfütze vom Regen, hier, direkt vor dem Haus,
ein Kind stapft hinein, unerschrocken und froh.
Am liebsten wohl zieht es die Schuhe noch aus.

Aus dem Zweig ward sofort ein mächtiges Schwert,
aus des Himmels Tropfen Ozeane und Meere.
Aus dem Kiesel ein Juwel von unschätzbarem Wert.

Ein Stein, ein Stock, etwas Wasser vom Regen,
hinlänglich Zeit, sich jenen Kleinoden zuzuwenden.
Waren das nicht glückliche Momente im Leben.

Besuch

Die Türe schließt sich,
der letzte Gast verlässt das Haus.
Drinnen riecht es nach Besuch,
nach längst Gesprochenem.
Stille sitzt auf allen Stühlen.

Leere Gläser auf dem Tisch,
ausgebrannte Kerzen, ihre Stummel schlafen längst.
Die Musik ist in Schweigen verfallen, klingt etwas nach.
Verirrte Töne kreisen noch im Raum, Wortwechselreste.

Weinflaschen in der Nähe, eine von ihnen fast halbvoll.
Roter Wein aus Spanien, roter Wein aus Frankreich.
Jene Tropfen sind erwünschte Freunde, alte Bekannte.

Der Zweifel lugt um die Ecke, setzt sich kurz für Minuten.
Was wurde lauthals verschwiegen, was stumm gesagt?
Gedanken erwachen, setzen sich ebenfalls an den Tisch.

Die Müdigkeit
spricht ein letztes Wort, übertönt Bedenken.
Aufgeräumt, alles steht wieder an seinem Platz.
Das Licht erlischt nun auf Zuruf, darauf ist immer Verlass.

Verlust des Zaubers

Nichts gibt dem Leben wohl so viel Raum
wie ein behutsam behüteter Kindertraum
und der gegangene Pfad zu dem Ziele hin
erhält uns nicht selten des Lebens Sinn

Ja und hat es sich dann wahrlich ergeben
dass er sich erfüllt hat der Traum im Leben
dann erkennen wir manchmal unverhangen
mit der Erfüllung ist eine Hoffnung gegangen

Das Buch

Es ist für uns da wenn wir es brauchen
seine Tür steht ausnahmslos offen
es fängt sofort an zu erzählen
sofern wir es denn ersehnen

Zu keiner Zeit drängt es sich uns auf
hält sich bescheiden zurück
weiß wann seine Stunde gekommen
fügt sich anspruchslos ein

Es ermöglicht Reisen in ferne Länder
lässt den Fremden ein Nächster sein
ohne dass wir einen Schritt tun
trägt es uns in jede Kultur

Ein recht treuer Gefährte ist es uns
auf jedem Pfad in jedem Raume
stets ein verlässlicher Freund
der auch den Zweifel offen ausspricht

Es unterhält und lehrt uns zugleich
weist auf die Freude wie auf die Trauer
ist dem Gedanken verpflichtet
und desgleichen auch der Illusion

Im Garten

Das gleißende Licht der Morgensonne
strömt durch das Blattwerk der Bäume,
lässt ihr Grün erhabene Schatten werfen.

Grenzenlos zeigt sich das Himmelszelt,
wolkenlos ruht es über dem Ort,
hüllt die Gegenwart mit Unendlichkeit ein.

Der Kirschbaum steht in voller Pracht,
vereinzelt schweben Blüten von den Zweigen.
Ein Vogel trinkt am Brunnen.

Seicht zieht ein Windzug über die Wiese,
grüßt freundlich das Bunt der Blumen.
Alles fügt sich in Harmonie der Ruhe.

Bäume

Doch, mit meinem Apfelbaum kann ich mich unterhalten,
sehr gut sogar, daran darf es keinen Zweifel geben.
Nebenbei, man kann sich mit jedem Baum austauschen.

Mein Apfelbaum hört mir zu, ohne mich zu unterbrechen,
und er widerspricht mir, bei passender Gelegenheit.
Auch das hält jeder Baum so, man hat es nur vergessen.

Die Sprache der Bäume ist leise, dennoch aber deutlich,
ja, eigentlich dürfte sie jeder Mensch verstehen.
Hören wir nichts, sind wir taub und sie nicht etwa stumm.

Bäume wissen es doch längst, dass sie überhört werden,
ungeachtet dessen, abfinden werden sie sich nie.
Die Demut der Bäume, sie wird ihnen zum Verhängnis.

Mit den letzten Bäumen wird dann das Leben erlöschen,
ja, das flüstern uns jene Gewächse immerfort zu.
Jede Wurzel und jeder Stamm, jede Krone berichtet es.

Erdenbürger, wir können ohne die Bäume nicht leben,
sie sind unser Atem, das Vermächtnis der Natur.
Behüten sollten wir das, was uns so verlässlich schützt.

Der Apfelbaum in meinem Garten, er erzählt mir davon,
mit Geduld tut er das, ohne jegliche Vorhaltung.
Leise spricht er, und widersprechen kann ich ihm nicht.

Bacchus

Mit freundlicher Geste empfängt er uns stets,
breitet einladend weit seine Arme aus,
der Wein, der im Glase so funkelt.

Ein recht geduldiger Zuhörer ist er uns allzeit,
liest ein jedes Wort von den Lippen ab,
der Rote wie der Weiße.

Das Leid so wie die Freude teilt sie mit uns,
zeitlebens bereit spontan zu vergeben,
des Rebstockes kühle Geburt.

In die Freiheit lässt er uns weich schweben,
gewährt jeder Seele gleiches Anrecht,
der edle Tropfen der Traube.

Er ist wohl der wahre Schöpfer der Künste,
kaum ein Schaffender mag ihn missen,
ihn, den Alten an Tagen.

Weit macht er uns Pforten und Türen auf,
lässt uns alle Grenzen je vergessen,
der treue Kamerad, der gute.

Oftmals spricht er uns das allerletzte Wort,
nicht etwa so, wie wir im Rausch geahnt,
Gott Bacchus, der das Glas uns reicht.

Chioggia

Seehafen im Süden der Lagune von Venedig

Dalben ragen aus dem Wasser,
überall Boote, Bojen und Netze.
Zaghaft nur
vereint sich der wolkenlose Himmel
mit der Sonne des Frühlings,
lässt sich sein klares Blau
sanft erwärmen.

Auf das Geländer der Brücke,
eine der vielen,
die die von Kanälen durchtränkten Gassen
des Fischerortes miteinander verbinden,
setzt sich mit weitem Flügelschlag ein Seevogel.
Ein Gruß der Natur,
wie er erhabener kaum sein kann.

Marktstände auf den Steinen der Ufer,
in den Hallen lagert Fisch.
Und wieder einmal besucht es mich
das tiefe Gefühl,
dass ausnahmslos alles,
wie einer stillen Harmonie folgend,
untrennbar zusammengehört.

Einsicht

Was erhoffst du dir, was ersehnst du für dich,
ja was benötigen wir Menschen zum Leben?
Reicht nicht die Gesundheit,
etwas zu Essen und etwas zu Trinken
und eine geborgene Stätte zum Ruhen?

Was nährt deine Hoffnung, was die Kraft,
was macht das Dasein so reich?
Ist es nicht das gute Gespräch,
etwas Zeit für den freien Gedanken,
ein Ort für Besinnlichkeit, ein Buch vielleicht?

Wo können wir Seelen uns denn finden,
wo liegt er, der Einklang des Friedens?
Ist es nicht die Nähe zur Natur
das Rauschen der Flüsse, der Bäche,
das Rascheln der Blätter der Bäume im Wind?

Was macht dich verständig, lehrt Ergebenheit,
lässt dich in Demut gütlich weilen?
Der Sturm, die Weiten der Meere,
das stille Dahinziehen der Wolken,
dein Blick zu den Sternen in der Nacht?

Da unser Bestehen wahrlich flüchtig ist,
unsere Zeit unleugbar sehr begrenzt,
nutzen wir doch das Geschenk
für die tiefe Erfahrung der Hoffnung,
der sanften Einsicht, der behutsamen Liebe.

Religion – Glauben

Berge versetzen

Der Glaube kann Berge versetzen, so sagt man,
aber nur in der Illusion, so das Ergebnis,
in der Illusion, die sich in der Realität verliert.

In der Wirklichkeit, wo sich doch alles sammelt,
da vereint sich die Vision mit der Realität,
ja findet die Täuschung ihre letzte Ruhestätte.

Die Träume der Erde, sie nähren den Glauben,
und die Gläubigkeit das große Erahnen,
so werden und bleiben sie unsterbliche Brüder.

Die Realität, sie kann nicht ohne die Illusionen,
wo wäre das Vertrauen, ohne diesen Bund,
gleichwohl versetzt er uns Berge, der Glaube.

Zwischen den Zeilen Gelesenes aus den Gesangbüchern der Kirchen dieser Welt

Unsere Gläubigkeit, wie wird sie doch von uns geliebt,
unabwendbar erweist sich ihre Macht.
Unsere Gläubigkeit, wie wird sie doch von uns geehrt,
wenn sie sich zeigt in ihrer Pracht.

Unsere Frömmigkeit, wie wird sie doch von uns behütet,
unbeirrbar nährt sich ihre Moral.
Unsere Frömmigkeit, wie wird sie doch von uns erhalten,
wenn sie sich wehrt gegen Anormal.

Unsere Opfergabe, wie wird sie doch von uns erbracht,
unvergleichlich ist hier der Dank.
Unsere Opfergabe, wie wird sie doch von uns bejubelt,
wenn sie sich wiegt in ihrem Rang.

Unsere Weisheit, wie wird sie doch von uns gebraucht,
unverrückbar erscheint ihr Mut.
Unsere Weisheit, wie wird sie doch von uns geschätzt,
wenn sie verurteilt in ihrer Glut.

Unsere Angriffslust, wie wird sie doch von uns benutzt,
unerschütterlich sitzt sie auf dem Thron.
Unsere Angriffslust, wie wird sie doch von uns geadelt,
wenn wir rechtfertigen die Konfession.

Unser Glaube ist der aufrichtigste, unsere Frömmigkeit
und unsere Opfergabe natürlich und rein.
Unsere Weisheit schützt vor ruchlosem Gedankengut,
wie denn könnte es anders auch sein.

Wahrheit

Nichts auf Erden
scheint begehrter zu sein als die Wahrheit
und nichts so verworren wie die Suche nach ihr
nichts unter uns Seelen vermag mehr Unruhe zu stiften
hinterlässt sie doch Spuren von Hass Missgunst und Gier

Nichts auf Erden
scheint bedingter zu sein als die Wahrheit
dort wo Politiker und Religionen sie verwalten
denn nichts ist erbarmungsloser unter uns Menschen
als die Verteidigung dessen was wir für Wahrheit halten

Nichts auf Erden
scheint vielfältiger zu sein als die Wahrheit
nicht selten ist es recht spät wenn man erkennt
was wir für allumfassende Gewissheit hielten
war letztlich eine Modeerscheinung eine Welle ein Trend

Nichts auf Erden
variiert mehr zur Lüge als die Wahrheit
dort wo man sie setzt auf den goldenen Thron
wo sie verteidigt wird anhand von Prunk und Gewalt
erweist sie sich als Vorwand als Schwindel als Illusion

Wo ist die Wahrheit
wenn nicht im Bezug zur Gegenwart
ist Wirklichkeit nicht in des Daseins Wandel
von welcher Warte aus betrachtet soll es denn sein
die Glaubwürdigkeit der Natur sie kennt keinen Handel

Der Hausmeister

Wer hat den einzig wahren Gott erkannt,
und wem ist bekannt was er wohl will?
So fragen die Kirchen und Tempel der Welt,
und hier zeigt jeder gern dann auf sich.

Wer von uns hat nun Gottes Gunst erlangt,
und wer wird gesegnet durch seinen Geist?
So tönt es von den Kanzeln und Altären,
auch hier zeigt jeder gerne auf sich.

In unserer selbstgerechten Gelehrtheit,
diktieren wir Gott was er bereiten soll,
sehen in ihm den Hausmeister der Erde,
keineswegs aber den Meister des Hauses.

Wer hat sich gegen den Frieden gewandt,
wer sich gegen die Natur versündigt?
So klagen die Religionen dieser Welt,
und hier deutet jeder auf seinen Nächsten.

In der von Hand geschnitzten Gläubigkeit,
ertrinken wir freiwillig in unserer Demut,
und starr den Blick zum Himmel gerichtet,
bereiten wir schon den nächsten Krieg vor.

Nährböden

Wo der Hass zum Richter ernannt wird
das Vorurteil zum Zeugen
dort ist kein Raum für Stimmigkeit
das gilt in jedem Land und an jedem Ort

Wo das Verstehen gepachtet scheint
das Begreifen sich im Alleinbesitz zeigt
da ist kein Platz für Toleranz
das gilt für jede Überzeugung

Wo das Gegröle die leisen Töne erstickt
das Gejohle das Abwägen
da wird die Gedankenfreiheit vertrieben
aus jedem Haus und aus jedem Raum

Wie denn könnte je Freiheit gedeihen
mit Hass mit Befangenheit mit Rechthaberei
Unduldsamkeit und geschrienen Parolen
ein solcher Nährboden ist in sich tot

Das gilt in jedem Land und an jedem Ort
in jedem Haus in jedem Raum
für jede Überzeugung
für jeden Menschen

Unendlichkeit

Du fragst nach dem Sinn des Lebens
ersehnst eine brauchbare Antwort
willst Hoffen und Bangen lenken
endlich ein lohnendes Ziel erkennen

Du lehnst in entschieden ab den Tod
erkennst ihn als deinen Widerpart
als den Gegensatz aller Stimmigkeit
ja als den Erzfeind des Daseins

Du ersehnst die Helligkeit der Sonne
gehst der Dunkelheit aus dem Weg
bewusst wie auch unbewusst
ist allein das dein bevorzugter Pfad

Hat denn nicht auch dein Leben
sehr verlässlich so viel Sinngehalt
wie du ihm zu geben bereit bist
ist jenes Bewusstsein nicht das Ziel

Ist nicht das was wir Tod nennen
der geduldige Vater der Umwandlung
sollen wir ihn wirklich verabscheuen
den erhabenen Kreislauf der Natur

Die Schatten sind es doch immerhin
die uns das Licht zu würdigen lehren
die immerdar warme Geborgenheiten
einfühlsam uns erahnbar machen

Sichtweisen

Obdachlosenhaus

Eingedenk einer frostigen Nacht,
vor der Türe ein Andrang.
Erst recht in den Wintermonaten
erweist es sich gewöhnlich so.

Wie angewachsen, steht sie da,
die lange Schlange der Harrenden.
Seelen, die eine Stätte erbitten.
Menschen, die keine Bleibe haben.

Man sieht es der Horde wohl an,
dass sie nicht zu uns gehört,
dass das Leben hier eine Grenze zieht.
Und kein Einspruch wird geduldet.

Synthetisch wirkende Antlitze.
Gesichter, wie von der Leere moduliert.
Nein, nein, kein richtiger Tod,
aber auch kein wirkliches Leben.

Hemmungslos wird sie geschlagen,
die Hoffnung, falls sie sich noch rührt.
Und die Nächstenliebe ist es,
die etwas verschämt vorüberzieht.

Immer länger wird die Schlange,
gespenstischer ihre Blicke.
Immer robuster wird die Grenze,
nur die flüchtende Liebe bleibt stur.

Slum

Dickflüssig
hängt die Schwermut
an den Fenstern und Balkonen der Mietshäuserreihen
tropft zäh hinunter auf die Straßen
auf der die Menschen sich bewegen
als würden sie es nicht bemerken können

Die Sommersonne siedet sie zu einem zähen Brei
die Schwermut wie die Menschen
lässt das Erahnen über das Erkennen fließen
dickflüssig zäh und unbemerkt
und stets an den Schuhsohlen derer klebend
die sich durch das Leben tasten

Wie schwerfällig Gegenwarten doch sein können
Erwartungen
die sich allein aus Träumen formen
und sich einfach nicht ergreifen lassen
zum Ungemach der Seelen
die allein von der Hoffnung getragen werden

In einem Land

In einem Land
in dem konsequent und über viele Jahre
die vorhandene Arbeit vernichtet wurde
und sich dann aber darüber gewundert wird
dass plötzlich keine Arbeit mehr da ist

In einem Land
in dem recht zäh und äußerst hinhaltend
allen Ernstes gerne darüber diskutiert wird
ob der hilflos nach Arbeit ringende Mensch
gar einen Mindestlohn bekommen sollte

In einem Land
in dem ohne mit der Wimper zu zucken
der sein Auto mal falsch parkende Bürger
strenger bestraft wird als ein Multimillionär
der als Steuerhinterzieher seine Heimat betrügt

In einem Land
in dem Begriffe wie Hartz IV und Tafel
den gesättigten Staatsdienern dienlich sind
in angenehm pflegeleichter Manier
allzeit ein reines Gewissen zu behalten

In so einem Land
gehört ganz ohne jeden Zweifel
den Verantwortlichen
mehrfach und kräftig
in den Hintern getreten

In der Stadt

Mittlerweile unübersehbar groß ist sie geworden
die Gruppe der Lungernden in meiner Stadt
ja inzwischen ist es ein recht stattlicher Haufen
der sich zwischen Gassen und Läden drängt

Immer wieder erscheinen sie auf der Bildfläche
die Vagabunden und Tippelbrüder dieser Stadt
scheinen gar wie aus dem Nichts aufzutauchen
die Clochards der Straßen und Gehwege

Auf schäbigen Decken kauernde Erscheinungen
Bedrängnis die stumm zum Himmel schreit
die Obdachlosen und Bettler hier am Orte
Armut Not Elend und verhärmte Blicke

Hochglanzpolierte Messingschilder der Läden
graziös eingravierte Firmensignaturen
mit edlem Marmor verziert die Eingangstore
noble Geschäftshäuser hat sie meine Stadt

Vor Sturm und Kälte Schutz suchende Seelen
von Lumpen und Plastiktüten umgeben
in stinkende Armeeparkas leicht gehüllt
die vom Hunger ausgemergelten Menschen

Dort eine Frau und hier ein gebeugtes Kind
ein alter Mann mit seinem Hunde
hängende Schultern an hageren Körpern
verschlungen mehr lagernd denn sitzend

Auf Wegplatten voller Resignation Lagernde
die nur noch auf den Boden stieren mögen
die Habe im Rucksack auf Beton gelagert
Bettler Menschen Seelen: unsere Nächsten

Der Zynismus trifft sich mit der Hilflosigkeit
Dekadenz und Ironie in unserem Lande
der Überschuss stößt auf den Mangel
ein Abwenden und Wegsehen in der Stadt

Flügel

Für meine Tochter Anna-Lena – 2005

Dort, wo man dem abwägenden Gedanken
die Flügel stutzt,
dort stirbt die Kraft der Freiheit,
wo man den bedächtigen Zwiespalt
in Fesseln zwingt,
erlischt der Mut der Bedrängten.

Wo ist die Wahrheit,
wenn nicht in der Relation zur Gegenwart,
wo die Wirklichkeit,
falls nicht in dem Wandel des Daseins.

Was vermag die Zeit besser auf Dauer zu nähren,
die sichtbare Beschwerlichkeit
oder den verborgenen Trug.

Nicht die unerfüllten Träume
sind es, die das Dasein beugen,
nicht die flüchtigen Illusionen
haben Schuld am Erschrecken.

Die maßregelnde Befangenheit ist es,
die das Entschlossene hindert,
der scheinfromme Machtwahn,
der im Lichte herrscht.

Belassen wir doch den Gedanken ihre Flügel,
nähren uns von der Freiheit Kraft,
lösen wir die Bande des Offenen,
geben so der Beherztheit Raum.

Lasst uns die Ordnung der Änderung begrüßen,
reichen der Wandlung unsere Hand,
stellen wir uns dem Dunst der Nebel,
weichen wir dem geheimen Bann.

Welthunger

Auf fetten Polstern unser Reichtum
jegliche Liebe lässt erkalten
Was kümmert es den satten Bürger
wenn starke Stürme draußen walten

Unerschütterlich wächst der Hunger
Millionen Menschen in größter Not
Beruhigend für den genährten Bürger
auch diesen Ruf holt bald der Tod

Mauern erbauen wir statt Brücken
um unseren Reichtum zu erhalten
Wir gönnen uns das tägliche Brüsten
wie gut wir Armut doch verwalten

Dort all die unterernährten Körper
hier das Übergewicht der Satten
Wo unser Licht wohl walten müsste
wirft Ignoranz nur finster Schatten

Träumen wir weiter in unsrem Bette
schlafen den tiefen Schlaf der Macht
Morgen erhebt sich die mutlose Masse
und irgendwann dann ist es vollbracht

Brücken

Grenzen trennen uns von unseren Nächsten,
Demarkationslinien, die sich stark erweisen.
Alles scheint geregelt und zeigt sich brauchbar.

Wo jedoch das Außen auch das Innen nährt,
sind Zäune und Mauern niemals eine Lösung,
ja werden Seelen von der Macht erdrückt.

Was aber macht die Funktion Grenze real aus,
die Mauer, die dem Menschen Schranken weist,
oder wir, die wir die Mauer bauen und hegen?

Unsere inneren Sperren sind die robusten!
Sie trotzen zeitgleich Not und Mitgefühl,
lassen allein die Ausbeute entscheiden.

Lasst uns jene Mauern doch einreißen,
und mit den anfallenden Steinen dann
Brücken errichten.

Flachheiten

Längst ist es nicht mehr selbstverständlich,
dass dich die Menschen ansehen,
die dir auf den Straßen begegnen.
Sie starren auf ihre flachen Hüllen,
die sie in ihren Händen halten.

Nicht alleine dich sehen sie nicht mehr,
jene abgelenkten Passanten,
die links wie rechts, dicht neben dir,
entrückt an dir vorbeieilen.
Nein, sie nehmen auch wenig Anderes wahr.

Mit kleinen Stöpseln in beiden Ohren,
oder großem Kopfhörer auf dem Haupte,
fliehen sie durch die Städte.
Sie ziehen stracks durch die Natur,
die sie kaum noch real erreichen kann.

Der heutige Mensch, der ach so moderne,
er ist eben gerne verkabelt, ja vernetzt,
lässt sich willenlos leiten und lenken,
fragt nicht mehr nennenswert nach.
So scheint es immerhin.

Mit leicht gekrümmten Zeigefingern,
wird auf den Scheiben sondiert,
wird unaufhaltsam gesucht und gefunden,
was der großen Masse zugeordnet ist.
Eine gigantische Gleichschaltung.

… und andere Stationen des Daseins

Die Beiden

Die ganze Zeit haben sie gesprochen
Und sich doch nichts gesagt
Haben sich zusammen auseinandergelebt

Zertraten die Überreste ihrer Liebe
Mal mit Absicht dann wieder ungewollt
Immer aber mit Gründlichkeit

All die Jahre lebten sie eng beisammen
Mit der größtmöglichen Distanz
Gaben der Hoffnung niemals Einlass

Ein jeder hinter seiner eigenen Maske
Fest eingehüllt im Mantel der Grenzen
Alles kompromisslos verschweigend

Die ganze Zeit glaubten sie dem Weg
Verwechselten Scheitern mit Erfolg
Versuchten Drehtüren zuzuschlagen

Nun liegen sie reglos am Boden
Die geschändeten Träume ihres Daseins
Und jede Träne ist wohl vergebens

Schritte verhallen im Dunst des Alltags
Hand in Hand mit der Traurigkeit
Entfernen sie sich mit jedem Atemzug

In der Villa

Häppchen werden gereicht, auf Tabletts aus Silber,
Kaviar und Lachs auf rundem Pumpernickel.
Den kleinen Finger abgespreizt,
klingt man die Sektgläser gegeneinander.

Konversationen werden geduldet und ertragen,
jeder zeigt sich interessiert am Überhörten.
Die Visitenkarten stets griffbereit,
ein einziges Verständnis im garantierten Lächeln.

Krawatten schnüren das Blütenweiß der Krägen,
Manschettenknöpfe lugen aus den Ärmeln.
Orden spiegeln sich in Lackschuhen,
Ehrenabzeichen, oder das was man dafür hält.

Die Gesamtheit der Räume, Zimmer und Erker,
vereint sich zu einem einzigen Saale.
Kronleuchter kokettieren mit Kristallen,
spenden grelles Licht und Wärme im Überfluss.

Überaus funkelnde Steinchen zieren Dekolletés,
betonen Ungewolltes wie Gewolltes.
Hüllen aus Samt und Seide,
maßgeschneiderte Kreationen der Mode.

Erlauchter Frohsinn auf allen Mienenspielen,
dezent gedämpfte Ausgelassenheit.
Zur fortgeschrittenen Stunde
darf die Stirne wohl durchaus etwas glänzen.

Nun kennt man sich und winkt lächelnd sich zu,
von hier nach dort und nach gegenüber.
Gläser werden gefüllt und geleert,
die silbernen Tabletts machen die Runde.

Der Geruch von Wohlstand liegt im Raume,
schwebt über den Köpfen der Gäste.
Auf den schweren Teppichen
lodert majestätisch das Blau des Orients.

Arta – Cafe Parisien

Der kleine Gasthof.
Durch die Schankstube und am Tresen vorbei,
führt eine schmale Tür in den Innenhof.

Umgeben von alten Gebäuden,
einige Tische und Stühle auf Kieselsteinen.
Natursteinplatten weisen den Weg.

Ein Spalier überspannt den Garten,
durch das Dach grüßt der wolkenlose Himmel.
Weinreben hängen an dem Holz.

Olivenbäume spenden Schatten.
Reife Zitronen leuchten an jedem Gemäuer.
Der Alltag scheint ausgesperrt.

Eine freundliche Frau.
Sie schreibt sich Gewünschtes auf einen Zettel.
Unter ihren Schritten knirschen die Steine.

Angenehme Kühle.
Treppenstufen aus Granit, Geländer aus Eisen.
Lichtstreifen tänzeln durch Zweige.

Die Stille verleitet zum Verweilen.
Etwas Vanilleeis, in einer silbernen Schale.
Cappuccino und ein Glas Wasser.

Hier und dort vereinzelt Gäste.
An einem Tisch wird roter Wein getrunken,
gegenüber, eine Wandmalerei.

Man möchte bleiben, geht irgendwann.
Die schmale Tür, der Tresen in der Schankstube.
Eine Straße in Arta auf Mallorca.

Das Leben

Wie ein Bach, so fließt unser Leben dahin,
mal in leichten Wogen, mal rauschend.
Ein Flüsschen in der Zeit,
ein Rinnsal, im Tal der Sphären.

Wie eine Wolke zieht unser Leben dahin,
mal in der Höhe, mal dicht am Grunde.
Ein Wölkchen im Bestehen,
Wassertröpfchen, im Zuge des Daseins.

Wie ein Wind, so weht unser Leben dahin,
mal raunend und dann wieder tosend.
Ein Windhauch in der Gegenwart,
eine Flüchtigkeit, auf der Bühne der Natur.

Eine kurze Weile zeigt es sich, unser Leben,
hier deutlich und dort verschwommen.
Ein Bächlein, ein Nebel, ein Windzug,
für den Zeitraum eines Gedankens.

Für Hanna

Am Valentinstag, so der Brauch, laut Anstand und Sitte,
beschenkt man die Allerliebste aus seiner Mitte.
Ob Blumenstrauß, Pralinenschachtel oder ein Glas Wein,
das, oder ähnlich, das kann es an dem Tag gern sein.

Nur wichtig ist, und darauf ist Bedacht jetzt zu lenken,
irgendetwas sei nun wohl sicherlich zu verschenken.
Denn dergestalt wird doch unter Beweis gar gestellt,
dass am 14. sich der Liebende enorm richtig verhält.

Und ist der 15. Februar dann schlussendlich erreicht,
die Zuwendung stets wieder dem Alltagstrott weicht.
Es erweist sich im Leben, das sei getrost zu bedenken,
per Gepflogenheit allein ist kaum eine Liebe zu lenken.

Was ich Dir heut schenken soll, ich kann es nicht sagen,
so schreib ich einige Verse, ohne mich weiter zu fragen.
Ja, dieser kleine Valentinsreim, so viel ist mal klar,
der ist noch am kommenden Tag für Dich da.

Epilog

Träume wiegen nichts .
Sie sind nicht schwer, kennen keine Grenzen.
Das ist das Fantastische.

In jeder Imagination
steckt zumindest auch ein Hauch
von wunderbar geschminkter Realität.

Manchmal
lässt sich in der Illusion tatsächlich
mehr Realität finden als in der Gegenwart.

Ein paar geschriebene Zeilen
schenken manchmal Grund für schöne Erinnerungen,
so wie es eine verlässliche Freundschaft
ebenfalls zu tun vermag.

Peter Oebel im adlibri Verlag

Momentaufnahmen

In 31 Geschichten erzählt Peter Oebel von Augenblicken im Alltag, in denen das Leben seine Brüche offenbart, seine Widersprüche und auch seine Schönheit.

Paperback, 120 Seiten,
ISBN 978-3-89927-036-5

Eine Nachkriegs-Kindheit in Hamburg-Barmbek

Peter Oebel erzählt in Fragmenten die Geschichte des Jungen Alexander Zinser, der in den 50er Jahren im Arbeitermilieu des Hamburger Stadtteils Barmbek aufwächst. Ein Buch für alle, die noch einmal den Bildern ihrer Jugend begegnen – oder in die fremde, abenteuerliche Welt eintauchen wollen, die für ihre Eltern oder Großeltern Nachkriegs-Realität war.

Erschienen in drei Ausgaben:

Ungekürzte Ausgabe
Paperback, 448 Seiten, ISBN 978-3-89927-040-2

e-Book der ungekürzten Ausgabe
ISBN 978-3-89927-041-9

Gekürzte Ausgabe mit ausgewählten Kapiteln
Paperback, 216 Seiten, ISBN 978-3-89927-042-6